SamAndJac Publishing

El Primer Día de Escuela de Beau el Bóxer

BEAU

Para **Sam**antha, **And**rew y **Jac**kson, con todo nuestro amor.
Que siempre se acompañen como hermanos y como amigos.
   -Mamá y Papá

Y para nuestros extraordinarios nietos, a quienes amamos sin medida: **Krynn, Xaynn, Havynn, Paetynn & Xander**.
   -MiMi y PopPop

Impreso en los EE.UU.
10 9 8 7 6 5 4 3 2
Primera edición en español estadounidense.

Catalogación en la publicación de la Biblioteca del Congreso
Nombres: Wilson, Michelle, autora | Wilson, Zack, ilustrador
Título: El primer día de escuela de Beau el Bóxer / Michelle Wilson, Zack Wilson
Descripción: Primera edición estadounidense. | Texas: SamAndJac Publishing, LLC, 2023.
Resumen: "Es el primer día de escuela para Beau el Bóxer. Beau y sus amigos deben encontrar un juego que todos puedan disfrutar juntos. Acompaña a Beau y sus amigos mientras aprenden que incluir a todos también puede ser divertido."
 – Proporcionado por la editorial.
Número de control de la Biblioteca del Congreso: 2023934011
ISBN: 979-8-9876967-3-6 (tapa dura)
ISBN: 979-8-9876967-4-3 (rústica)
ISBN: 979-8-9876967-5-0 (digital)

Para lectores jóvenes.
SamAndJac Publishing apoya la Primera Enmienda y celebra el derecho a leer.
Visítenos en línea en samandjac.com

El Primer Día de Escuela de Beau el Bóxer

Escrito por **Michelle Wilson**

Ilustraciones de **Zack Wilson**

Traducción por **Flora Wharton**

SamAndJac Publishing
Para lectores jóvenes

Es el primer día de escuela para **BEAU** el Bóxer.

Jack le dijo contento: "¡Con amigos *es mejor*!"

¡Emocionado! ¡Con miedo quizás!
Esperó tanto… ¡y ya no hay más!
Va a jugar y a reír sin parar. ¿Pero y si algo llega a fallar?

Conoce a *Daisy* a *Maisy* también, y a BEAR, un gran Danés muy bien.

Vienen **CHAMP** y *Sweet Pea* a saludar,
con su pelo largo, listo para brillar.

DIXIE y SAMMY le dicen "¡Hola!"

Y *Curly* y SARGE

llegan sin demora.

"¿A qué jugamos?"
Beau sin parar.

Se esconden en arbustos,
bajo mesa y sillón,...

"¿Qué juego podemos jugar por igual?"

Corre por rampas, al túnel se lanza veloz, algunos la siguen, con alegría en la voz.

Pero otros se quedan, sin tanta emoción, con caritas tristes y poca ilusión.

Beau mira a sus amigos,
buscando un plan genial.

Sarge grita,
"¡*Ya lo tengo!*"
y corren
sin señal.

"¡Espantemos a aves y ardillas sin cesar!"

Beau piensa un momento, ¿qué les puede gustar?

Se para y ladra:
"¡Ya sé, a la pelota,
vamos a jugar!"

...ASÍ QUE EN SU LUGAR
favorito van a estar.

Al final del día, cuando Jack regresó,

Beau le **contó todo** lo que aprendió.

Jugó con
TODOS,

¡la ESCUELA FUE GENIAL!

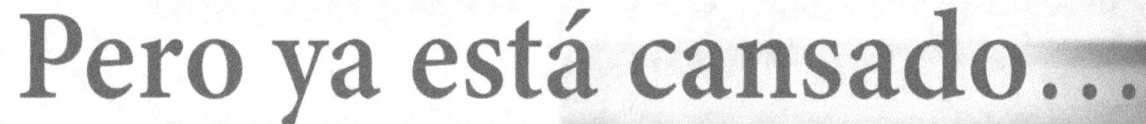

Pero ya está cansado…

es hora
de descansar.

Nuestro BEAU
el Bóxer

Beau es un perro de una raza llamada Bóxer y ha sido parte de nuestra familia desde que era un cachorro. Ahora, aunque ya es todo un adulto, Beau todavía piensa que es pequeño y le encanta subirse a nuestro regazo, en la medida en que logra caber. A Beau le encanta pasar tiempo con nosotros, ya sea en el sofá o en la oficina de Zack mientras trabaja. Le gusta especialmente cuando Krynn lo visita y puede correr tras ella en el jardín. A Beau también le ENCANTA LAMER… lame para demostrar su cariño, lame el aire cuando está emocionado… incluso lo hace cuando está nervioso.

Amamos a NUESTRO BEAU EL BÓXER.

Visítanos en **samandjac.com**